デンマークのクロスステッチ

デンマークの民族衣装
Danish Folk Dress in Cross-Stitch

デンマーク手工芸ギルド

デザイン
アグネーテ・ウルデム・マスン
イダ・ウィンクレル
監修
山梨幹子
発行
ヤマナシ ヘムスロイド

はじめに

　ヤマナシヘムスロイドの40周年を記念して、新しいデンマークのクロスステッチの
９冊目『デンマークの民族衣装』を上梓することになりました。原本はデンマーク手工
芸ギルドの1963年カレンダーです。私がスウェーデンでの北欧手工芸展でベングトソ
ンの刺繍をはじめて見てその清々しさに感動し、当時コペンハーゲンのストロイエに
あったギルドの事務所を訪れたのが1976年ですから、当時はもちろんこのカレンダー
の存在も知らなかったわけです。

　1979年のデンマークのクロスステッチ第１巻『ハーブと薬草』を刊行して以来、８巻
までこのシリーズは続きました。今回、この中から人気投票を行って３冊を選び、本
書と一緒に特別ケース付きの装丁で刊行することになりました。デンマーク手工芸ギ
ルド創立時の会長であるワンデルリーダーや、70年代の華やかなギルドの展開をリー
ドしたハンセン社長から、初対面にも関わらず日本語版の出版や代理店契約をご快諾
いただいたことをつい昨日のように思い出します。その間、おしみないご支援とご協
力が続いていることに不思議な縁（えに）しを感じるとともに、日本のファンの皆様のおかげ
でこのたびの刊行を実現できたことを心より感謝いたします。

　これからも飽きのこない、シンプルなデザインを自然な風合いのギルドの花糸で刺
繍され、暮しの彩りを楽しんでいただくことを願いつつ……。

2010年10月　山梨幹子

目次

はじめに…………………………………… 2

応用作品…………………………………… 4

1月　スコウスホーゼの妻………………… 8
2月　フェロー諸島の少女………………… 10
3月　ボーンホルムの妻…………………… 12
4月　ヘデボのイースターの衣装………… 14
5月　アマー島の教会へ…………………… 16
6月　アマー島の男性……………………… 18
7月　リンケービンの少女………………… 20
8月　シェラン島の農夫…………………… 22
9月　レームー島の少女…………………… 24
10月　オーデンセの少女…………………… 26
11月　グリーンランドの少女……………… 28
12月　ヴァイレの男性……………………… 30

ボーダー……………………………………… 32
数字とアルファベット……………………… 33

材料について………………………………… 34
クロスステッチの刺し方…………………… 35
デンマーク手工芸ギルドについて………… 36
ヤマナシ ヘムスロイドについて………… 37
本書で取り扱う材料とショップのご案内… 38
ヤマナシ ヘムスロイドの出版物………… 39

Danish Folk Dress in Cross-Stitch

Copyright ©2010 by Foreningen Haandarbejdets Fremme

Copyrighted and published in Japan by Yamanashi Hemslöjd International.

応用作品

ベルプール

仕上がりサイズ 6cm×20cm

[材料] 麻テープ 6cm幅／用意する布 6cm×24cm／デンマーク花糸 1本どり／DMC 2本どり

[作り方] 麻布テープの上端の中心から下に9cmはかった所が帽子の中心になります。好みでバランス良く周囲の図案を入れます。

タペストリー
※参考作品

八角形オーナメント

[材料]　麻布は好みの物を用意／デンマーク花糸 1本どり

[作り方]　本書の中の好みの柄を選び、中央になるように周囲にバックステッチをします。一辺が必ず偶数の正方形になるようにします。裏面も同じ数のバックステッチをします。バックステッチのライン通りに内側に折り返し、右図Aの中央とBの右端を合わせてかがって、順々にとじ合わせます。

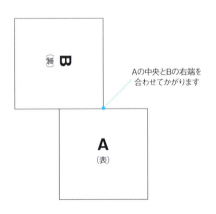

Danish Folk Dress in Cross-Stitch

イダ・ウィンクレル
Ida Winkler（1901-1995）
ギルドの手工芸学校でデザインと刺繍を学び、卒業後ギルドの専属デザイナーとして働く。主な仕事はギルドの膨大なコレクションから新たなパターン（主にサンプラー）を作り出すことだった。この仕事によって彼女自身のセンスが磨かれ、建物、地図、船シリーズなどの美しい傑作が誕生していった。

1月　スコウスホーゼの妻

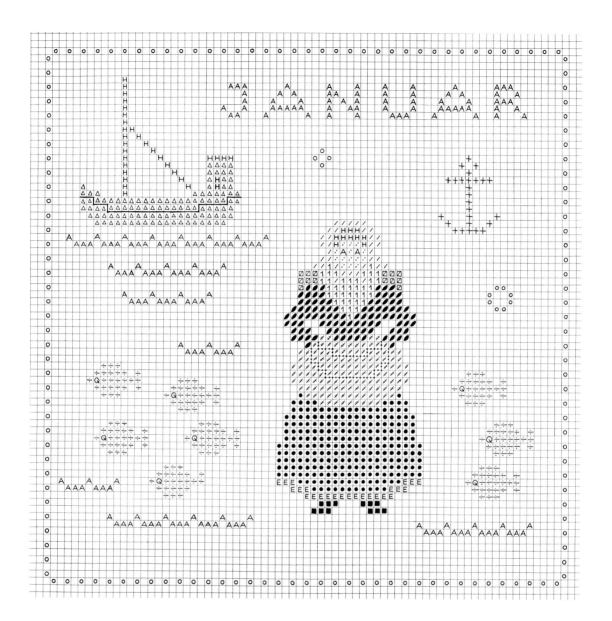

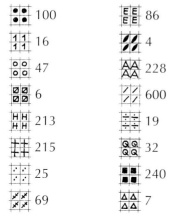

100
16
47
6
213
215
25
69

86
4
228
600
19
32
240
7

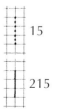

15
215

2月　フェロー諸島の少女

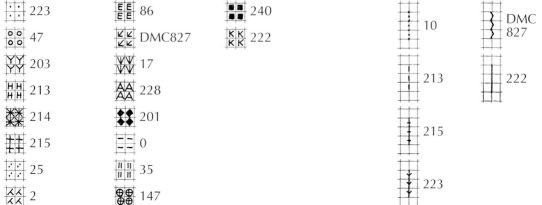

3月　ボーンホルムの妻

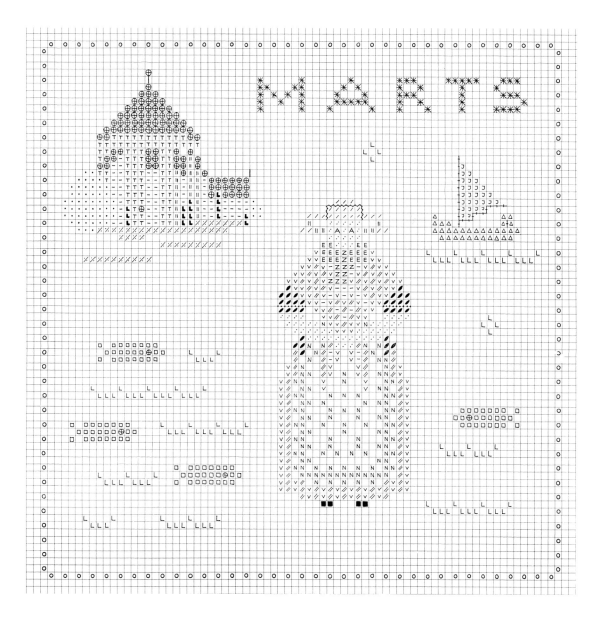
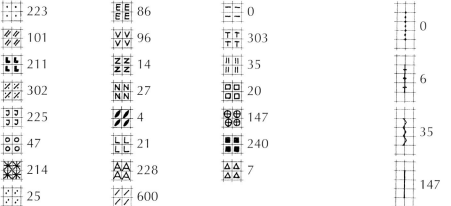

4月　ヘデボのイースターの衣装

XX	10	VV	96	· · · · 10
//	101	AA	228	∿ 20
oo	47	//	600	
HH	213	--	0	
∴	25	TT	303	
ᴨᴨ	12	▫▫	20	
KK	2	■■	240	
66	37			

15

5月　アマー島の教会へ

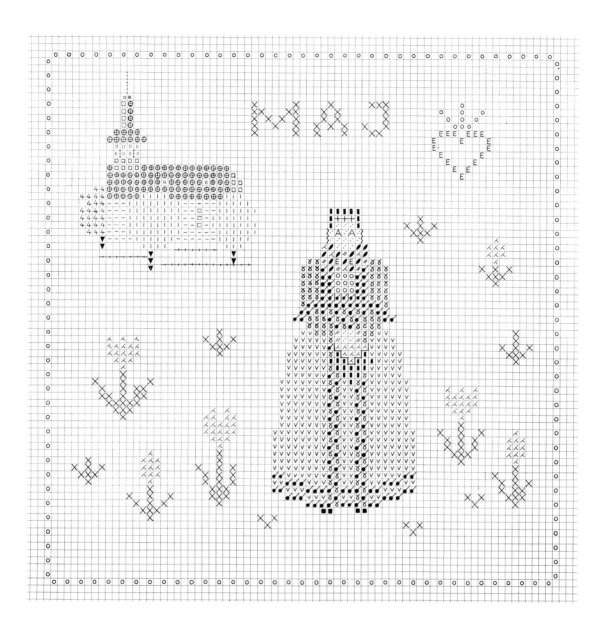
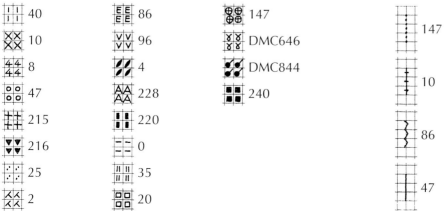

17

6月　アマー島の男性

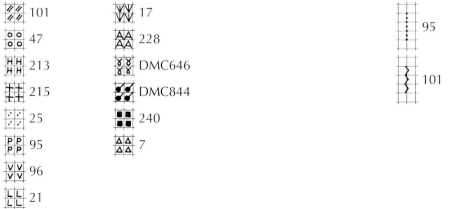

19

7月　リンケービンの少女

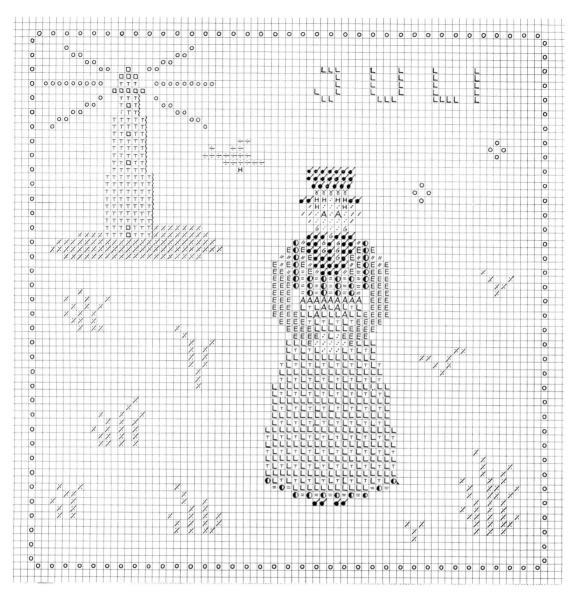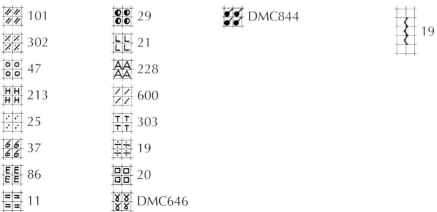

8月　シェラン島の農夫

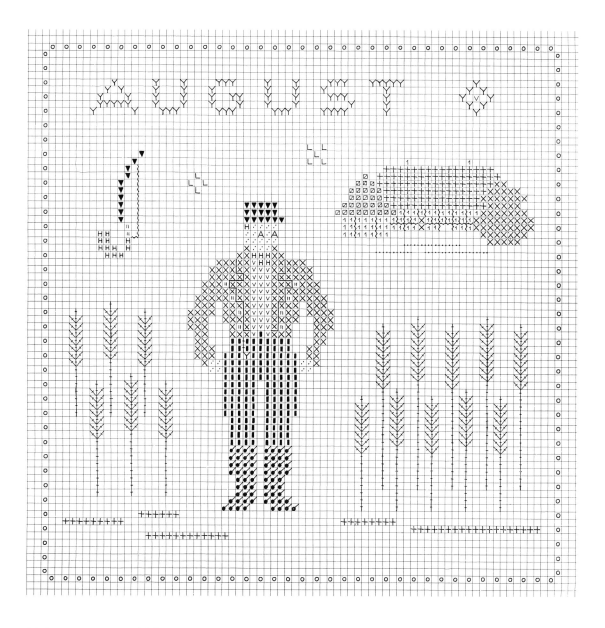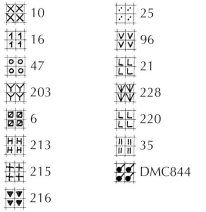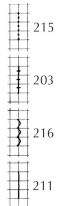

9月　レーム―島の少女

10月　オーデンセの少女

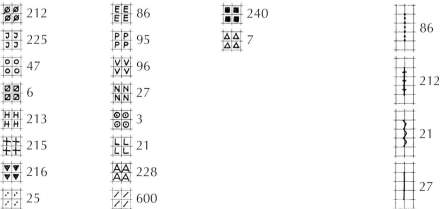

11月　グリーンランドの少女

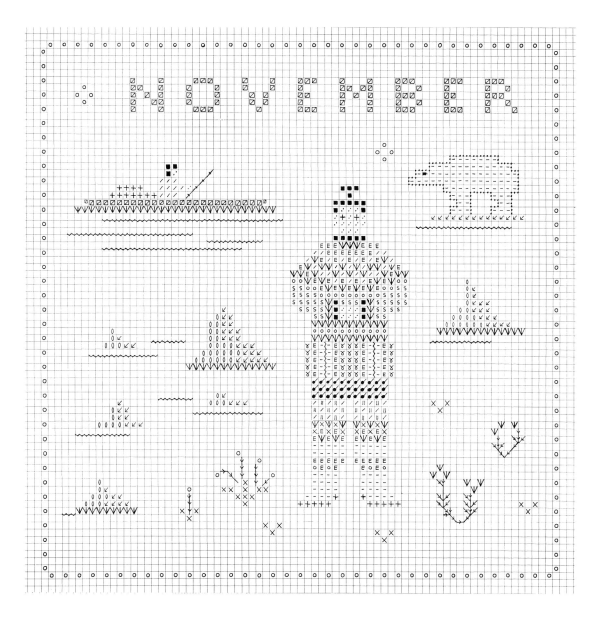
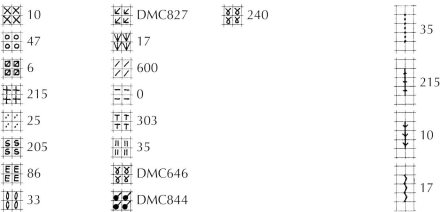

29

12月　ヴァイレの男性

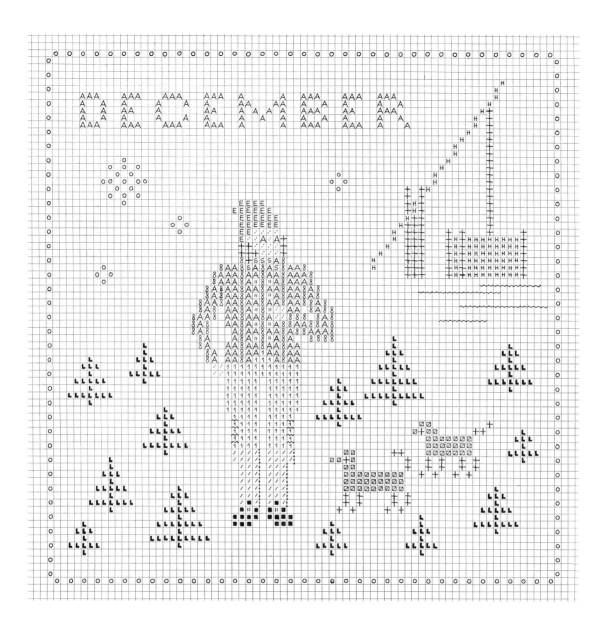

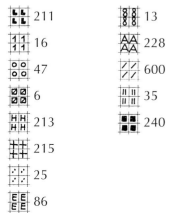

211
16
47
6
213
215
25
86

13
228
600
35
240

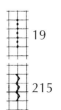

19
215

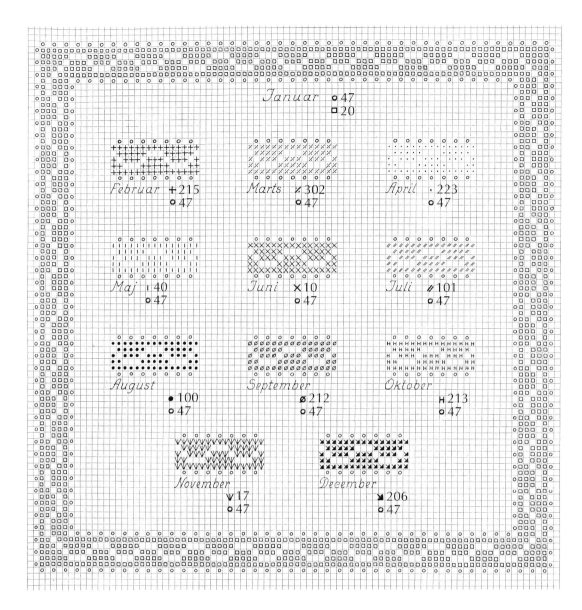

ボーダー

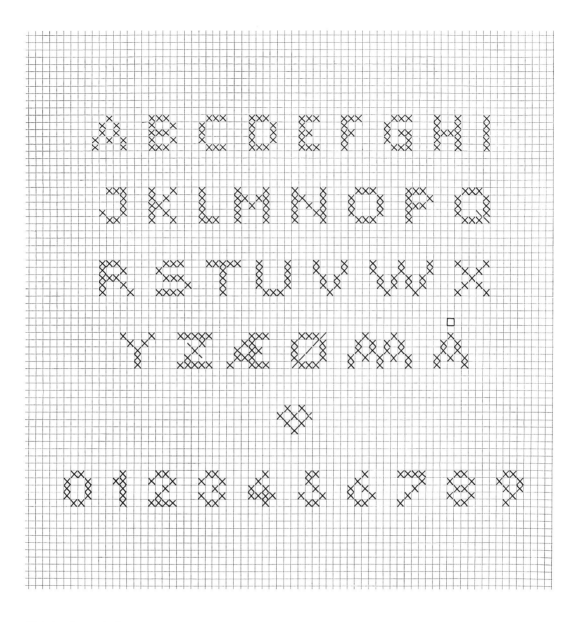

数字とアルファベット

材料について

　本書のモチーフは縦横均等に織られている麻布にクロスステッチで刺繍しています。図案の1マスは布の織り糸の縦横2目ずつを示します。図案に矢印が書いてある場合は、この矢印を結んだ点が図案の中心点となり、そこから刺し始めます。

麻布について——本書で使用する麻布の目は12目（1センチに12本）、10目（1cmに10本）、7目（1cmに7本）の3種類があり、晒した白い生地と未晒しの自然な色合いの生地があります。

花糸について——本書のモチーフは、デンマーク手工芸ギルドの花糸で刺しています。この糸は美しい自然の色を持った、繊細なつや消しの木綿の糸です。まれに、つやのあるDMCの糸が使われています（DMCの糸は10目、12目の麻布には2本どり、7目の麻布には4本どりで用います）。

刺繍作品のアイロンのかけ方——柔らかい布を下に敷いた上に刺繍部分を下にして置き、上に薄い布をかけて霧を吹き、高温でアイロンをかけます。布があたたかいうちに布の縦横の目を上下左右に引っぱって正し、そのまま自然に乾かします。

洗濯の仕方——刺繍の仕上げ後は、洗濯をする必要はありません。洗濯をするときはまずたっぷりの冷水（お湯で洗うと色が出る場合があります）で水洗いをし、洗剤（漂白剤の入っていないもの）を入れた冷水の中で手早く振り洗いし、冷水で充分すすぎ、2枚の布の間にはさんで乾かします。

麻布12目（1センチに縦横12目・布幅150cm）
デンマーク花糸を1本どりで使用。
針は刺繍用の先丸針26号を使用。

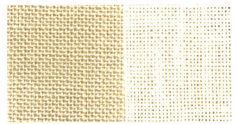

麻布10目（1センチに縦横10目・布幅150cm）
デンマーク花糸を1本どりで使用。
針は刺繍用の先丸針24号を使用。

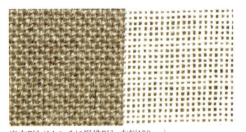

麻布7目（1センチに縦横7目・布幅150cm）
デンマーク花糸を2本どりで使用。
針は刺繍用の先丸針20号を使用。

「花糸」は古来から伝わるデンマークの織物用糸を研究して生み出された素朴な風合いの木綿の糸。自然の草木の色に近い色が特徴で、名づけ親はデザイナーのゲルダ・ベングトソン女史です。単糸なのでクロスステッチを刺すのに適していますが、他のさまざまなステッチにも使用されています。色数は約100色。

クロスステッチの刺し方

本書の図案は、クロスステッチで刺繍します。使用する糸は、図案の下に記号と番号で示してあります。数字の横に3種類の記号が示されている場合、一番右の記号がクロスステッチ、真ん中は右図Dのクロスステッチ、左側の記号がバックステッチです。図Dの指し方は、記号の記入の仕方で区別しています。

クロスステッチの刺し方

A　横に刺していくクロスステッチ
　　左から右へ刺していきます。麻布の2目を単位とし、左下端から／形を繰り返すようにステッチの半分を刺していき、刺し終えたら次に右下の端から図のように戻りながらクロスを完成させていきます。

B　上下に刺していくクロスステッチ
　　一つのステッチごとにクロスを完成させます。ステッチの糸のかかり方はAの場合と同じです。AもBもステッチの裏側の糸は垂直の線になります。

C　布目をずらすクロスステッチ

D　変形したクロスステッチ
　　図の左は3/4クロスステッチ。中央は縦に2目、横に1目でクロスします。右は横に2目、縦に1目でクロスするステッチです。

バックステッチの刺し方

E　バックステッチの刺し方は2通りあります。Eの左のように垂直、水平に2目ずつすすむ方法と、右のように下へ2目、横へ1目、もしくは下へ1目、横へ2目すすむ方法です。

F　1目ずつに、それぞれの方向に刺繍するバックステッチもあります。

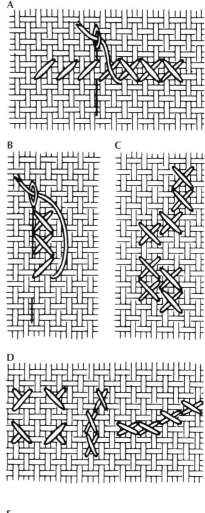

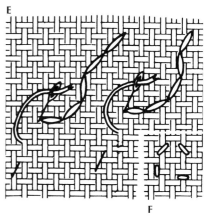

デンマーク手工芸ギルドについて

　デンマーク手工芸ギルドは"テキスタイルの再生と芸術的手工芸の創造"を理念として1928年に創立されました。デンマーク王室の庇護の元、専門家を育てる学校の設立やコレクションの展示などを通じ、デンマークのクラフトマンたちの指導的立場を担いつつ、手工芸の品質向上や新しいデザインの創出などに積極的に取り組んできました。

　特にクロスステッチの分野ではゲルダ・ベングトソン、イダ・ウィンクレルなどの優れたデザイナーを次々と輩出。写実的かつ叙情的な野の花や、簡潔で美しい街の風景を描いたデザインは現代生活を彩るインテリアとして一世を風靡し、ギルドの名前を世界的に有名にしました。

　現在では活動の範囲はアメリカ、オーストラリア、日本などに広がり、4年に1回の展覧会の開催をはじめ、図案集やカレンダー、刺繍キットの販売などを通じて、デンマークの手工芸の魅力を広めています。

デンマーク手工芸ギルドの機関誌は、1934年に第1号が発行され、現在でも年3回発行されています。デンマークの手工芸の現在が一望できる、貴重な情報誌。

ギルドではチャート、麻布、花糸、針がセットになった刺繍キットを早くから発売。優れたデザインのインテリアを自分自身の手で作り上げられる楽しさを、世界中の人々に伝えています。

1960年から毎年、新作12点のデザインが掲載されたカレンダーを発表しています。毎年一人のアーティストがデザインを担当しています。

ヤマナシ ヘムスロイドについて

ヤマナシ ヘムスロイドは、1971年、スウェーデン国立手工芸協会の後援をうけ、スウェーデンで織物を学んでいた山梨幹子によって設立されました。その後デンマーク手工芸ギルド、英国RSNの公認を受けています。展覧会の開催や、教室・通信講座の開催、書籍出版、ショップ展開を通して、精力的に北欧・英国の織と刺繍を日本に紹介してきました。

展覧会や教室を通して皆さんに知っていただきたいのは、暮らしを楽しく彩る本格的な手工芸の楽しみです。「本格的な手工芸」とは

1　手仕事を裏切らない確かな品質素材の使用
2　伝統に支えられた高度な技法
3　歴史に磨き抜かれたデザインやパターン

の3点に支えられています。

40年の実績を誇る手工芸の教室

北欧の家庭で愛されてきた手工芸(ヘムスロイド)を楽しんでいただけるよう、各地で教室を開催しています。吟味された素材と、北欧の国々で愛されてきたデザインやパターンを通じ、本格的な手工芸をお楽しみください。通信講座、1日講習会なども開催しています。

・刺繍コース
・スウェーデン織コース
・ボビンレース
・北欧ニット
・スウェーデン織大型コース

ヤマナシ ヘムスロイドの通信講座

ヤマナシ ヘムスロイドでは4つの通信講座を開講しています。通信講座修了者へは講師資格(ディプロマ)への道も開かれています。

・クロスステッチマスターコース
・ホワイトワークマスターコース
・キャンバスワークマスターコース
・スウェーデン織物マスターコース

ヤマナシ ヘムスロイド友の会のご案内

ニュースレター、展覧会出品、商品の割引販売、作品の添削等、さまざまな特典のある友の会制度を設けております。年会費は4,000円です。

本書で取り扱いの材料について

麻布（10目・12目）30cm×30cm
……………………………… 1枚　本体1,200円
麻布（10目・12目）50cm×50cm
……………………………… 1枚　本体2,800円
麻布（7目・10目・12目）30cm×幅150cm
……………………………… 1枚　本体4,500円
　　　　　　　　　　　　（※30cm以上10cm単位）
麻布（7目・10目・12目）1m×幅150cm
……………………………… 1枚　本体15,000円
デンマークの花糸（20m）
……………………………… 1束　本体200円
金糸
……………………………… 1束　本体500円
※価格は2010年10月現在のものです。

ショップのご案内

　　デンマークのクロスステッチの材料をお求めの方は下記までお問い合わせください。

ヤマナシ ヘムスロイド本部　表参道ショップ
〒150-0001　東京都渋谷区神宮前4-3-16
Tel. 03-3470-3119 Fax.03-3470-2669
mail@yhi1971.com
営業時間―10：30 ～ 18：30（土曜日は18：00まで）
休日―日・月・祝

ヤマナシ ヘムスロイド　東急本店ショップ
〒150-0043　東京都渋谷区道玄坂2-24-1
東急百貨店本店3階
Tel./Fax.03-3477-3314
営業時間―10：00 ～ 19：00
年中無休

N E W S

2011年5月、表参道を皮切りに40周年記念作品展が巡回！

ヤマナシ ヘムスロイドは2011年に40周年を迎えます。これを記念して友の会の皆様による「デンマークのクロスステッチ」をはじめ、ホワイトワーク、スウェーデン織などの作品と共に、ヤマナシ ヘムスロイドの40年間の軌跡をたどる展覧会が開催されます。作品展は5月の表参道を皮切りに、岡山、大阪など全国を巡回予定です。

ヤマナシ ヘムスロイドの出版物

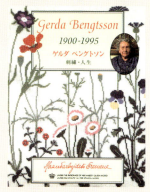

ゲルダ・ベングトソン
「刺繍・人生」
オールカラー 160ページ
本体6,000円＋税

「庭の草花たち」
カラー8ページを含む全32ページ
本体4,500円＋税

「お祝いづくし」
A5 16ページ
本体1,500円＋税
デザイン：山梨幹子

「スウェーデンのクロスステッチ
クリスマス・タペストリー」
デザイン：インガ・パルムグレン
オールカラー 112ページ
本体5,000円＋税　カラーフィールド

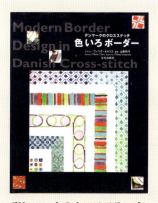

デンマークのクロスステッチ
「色いろボーダー」
デザイン：ヴィベケ・オルリス
カラー56ページを含む72ページ
本体2,000円＋税　文化出版局

「北欧のシンプル刺しゅう」
オールカラー 80ページ
本体1,300円＋税　グラフ社

「イングリット・プロムのデンマーククロスステッチ」
2冊セット　オールカラー 88ページ＋84ページ
本体7,400円＋税　復刊ドットコム（旧名：ブッキング）

「デンマークのクロスステッチ」
本体各2,800円＋税　ヤマナシ ヘムスロイド

応用作品製作協力　　岩藤富美子、髙井由樹子、宮川和子

デンマークのクロスステッチ
デンマークの民族衣装
Danish Folk Dress in Cross-Stitch

2010年10月30日　初版発行

著者　　　デンマーク手工芸ギルド
（デザイン：アグネーテ・ウルデム・マスン　イダ・ウィンクレル）

監修　　　山梨幹子
発行　　　ヤマナシ ヘムスロイド
　　　　　〒150-0001東京都渋谷区神宮前4-3-16
　　　　　電話 03-3470-3119　http://yhi1971.com/

発売　　　株式会社復刊ドットコム
　　　　　〒150-0022　東京都渋谷区恵比寿南3-5-7
　　　　　代官山デジタルゲートビル
　　　　　電話 03-6800-4460　http://www.fukkan.com/

ブックデザイン　松田洋一
印刷・製本　　　シナノ書籍印刷株式会社

Japanese translation rights © Mikiko Yamanashi　Printed in Japan　ISBN 978-4-8354-4569-4 C5377

造本には十分注意しておりますが、万一落丁・乱丁などの 不良品がございましたらお取替えいたします。

本書の無断複写（コピー）は著作権法上の例外を除き、禁じられています。
本書の定価はカバーに表示してあります。